Les enfants
c'est bien,
la pilule aussi...

Ce livre est édité par Clarisse Cohen

Les droits de l'Auteur seront versés
au Secours populaire.

ISBN 2.02.069268.6

www.seuil.com

Maïtena Biraben

Les enfants c'est bien, la pilule aussi…

ILLUSTRATIONS DE MARIE PERRON

Seuil

À France 5,
À Geneviève Giard.

À vous qui faites « Les Maternelles », Fred, Jean-Marie, Coco,Toto, David, Stéphane, Kate, Mélanie, André, Benoît, Marie, Fathia, Isouille, Ben, Isa, Patrick, Ange, Julien, Claire, Nicolas, Emma, Pascal, Héléna, Patricia, Jean-Seb, Charlie, Kaïs, Jef, Jean, Philippe, Sven, Quentin, Virginie, Dominique, Herma, Marion, Greg, Kalou, Yasmina, aux 160 autres et à Hélène.

À vous qui êtes venus, témoins et experts.
À vous chez qui nous sommes allés pour nos reportages.

À NLB.

À mon fils Lucas, qui a tant donné à cette émission.

Demain,
c'est le week-end

VEN
17:00

La France est coupée en deux. Je m'adresse ici à celles et à ceux qui, dans le noir du petit matin, dans le froid glacial des aurores du samedi, se lèvent pour emmener leurs enfants à l'école. Bon courage !

Vous avez tout un long week-end pour profiter de vos enfants. Amusez-vous bien !

Si ce week-end avec vos enfants vous épuise à l'avance, pratiquez la pensée positive : lundi, ils retournent à l'école.

Encore deux jours avec vos enfants. Deux jours, trois nuits : bon courage !

Joie, bonheur...

BOOM

Regardez-les dormir, ils sont beaux, calmes, de véritables petits anges... Ce sont les vôtres...

Ce soir, c'est Halloween. Profitez-en... Qu'ils ne rentrent pas à la maison avant d'avoir 2 237 bonbons, et bonne soirée les chéris !

Noël approche, il est temps pour vous parents de vous souvenir que vos enfants s'amusent comme des fous avec un rien... Deux pots de yaourt, un fil, et voilà...
un superbe téléphone, parlez-leur-en. Ils vont adorer !

Noël est une fête de famille. Cherchez l'erreur : fête... famille...

Avoir des enfants, c'est avoir droit au bonheur. Ne pas avoir d'enfants, c'est avoir droit au silence, à la paix, au calme et à la liberté.

Cynique mais lucide

Vous n'êtes pas forcément un cordon-bleu, un cuisinier ou une cuisinière hors pair, restez serein(e), ça ne peut pas être pire que la cantine.

À trois ans, ils partent à l'école. À sept ans, ils partent en colo. À quinze ans, ils partent en séjour linguistique, et à vingt-cinq, ils partent enfin.

Bien sûr, nos enfants sont beaux. Nous aussi, on l'a été... et regardez ce qu'on est devenus !

Si vos enfants vous énervent au-delà de l'imaginable,
imaginez que vous pourriez avoir les enfants des autres...
C'est pas joli joli, mais ça aide...

Les enfants partent, c'est vrai, mais après, ils passent leur temps à revenir. Alors... !

On a plus de chance quand on est célibataire,
jeune et belle que mariée, trentenaire et avec des enfants.
Mais bon.

La vraie réussite, c'est les enfants. Eh ben, tant pis !

Quoi de mieux que l'amour des siens ?
Eh bien, la reconnaissance des autres.

À quoi reconnaît-on une famille nombreuse ?
À rien, parce qu'on ne la voit plus.

Une bien mauvaise nouvelle vient de tomber sur nos téléscripteurs. Il semblerait que *La Petite Maison dans la prairie* soit une fiction. La famille Hingalls n'existe pas. Je répète, la famille Hingalls n'existe pas...

Si vos enfants vous disent régulièrement qu'ils vous aiment, ne fondez pas tout de suite… Une fois c'est intéressant, deux fois c'est intéressé.

Les enfants, c'est comme les boussoles. Ça donne un sens à la vie, ça tient le cap et ça nous fait perdre le nord… C'est pas joli ça ?!

Les enfants, c'est formidable… quand c'est tout petit, quand ça dort. Mais à part ça, cela n'a objectivement pas beaucoup d'intérêt.

Les enfants sont l'avenir… Ah bon. On n'est pas sortis d'affaire !

N'aimez pas, ne vous mariez pas, ne vous reproduisez pas… ennuyez-vous.

Les enfants sont pénibles, c'est vrai, mais les adultes aussi, croyez-moi !

Les enfants sont inconscients, cruels, violents... donc dangereux !

Les enfants, c'est comme le champagne, les bulles en moins.

Vous ne vous êtes jamais demandé pourquoi vos enfants vous aiment ? J'ai la réponse : ils n'ont pas le choix !

Avoir un enfant, c'est mettre du soleil dans sa vie. Oui, ben, des fois, on a envie de fermer les volets, hein !

Vous rêvez à ce que vos enfants feront plus tard : avocat, médecin, star de cinéma.
Mais il y a aussi : croque-mort, CRS, inspecteur des impôts… pensez-y.

Un enfant n'est jamais une solution. En revanche, c'est forcément un problème.

Une étude récente tendrait à prouver que les enfants sont des êtres humains comme les autres...
Je reste dubitative.

Soyez honnêtes, ce ne sont pas les enfants le problème, ce sont les parents !

On n'occupe pas un petit de douze mois avec un puzzle de 2 000 pièces, il risque de les manger, et après, on ne peut plus jouer avec !

Les enfants, c'est comme les cacahuètes. Irrésistibles d'abord, puis des regrets sans fin...

Résolvons ensemble l'équation suivante : repos au carré sur racine de silence multiplié par 1/4 de « encore un petit verre » = pas d'enfants !

Les enfants, c'est comme la gym : on s'y met le plus tard possible et quand on y est… on comprend pourquoi on a tant attendu !

Si vous avez des enfants, vous avez des rires dans la maison, un joyeux bazar, des joies et des difficultés parfois. Et si vous n'avez pas d'enfants, ben vous avez de la chance !

Un enfant silencieux, drôle, gentil,
et qui demande tout seul à aller se coucher,
c'est comme le lundi au soleil :
c'est une chose qu'on n'aura jamais !

L'amour est un bouquet de violettes, oui oui, c'est ça, et la pluie ça mouille, et les enfants sont sages… Pff, à d'autres !

Face à votre pré-adolescent en pleine crise qui hurle que vous ne l'avez jamais compris, restez stoïque et surtout ne répondez rien… Il n'a pas tort, mais il n'est pas censé le savoir.

Bien sûr, c'est le plus beau, le plus gentil, le plus intelligent. Oui oui, bien sûr !

Il ne faut pas laisser les enfants faire n'importe quoi. Il ne faut pas non plus les ligoter dans leur lit avec du ruban adhésif. Alors, que faire ?… S'en occuper.

Les enfants, c'est comme les fleurs. Il faut beaucoup d'amour et de patience pour les faire pousser. Ouais, ben tout le monde n'a pas la main verte !

Il faut savoir décoder les signes de la vie. Par exemple le père Noël. Eh bien, le père Noël, il n'a pas d'enfants.

Ils sont beaux, ils sont petits, ils sont mignons...
Non, vraiment, moi, j'adore les poissons rouges.

Les enfants, c'est comme le sapin. L'étoile en haut, comme le cœur, de la neige, comme la douceur, et les boules, bah... comme les boules !

On dit que les gens heureux n'ont pas d'histoires...
Ils n'ont pas d'enfants non plus !

Vous connaissez les sept merveilles du monde.
Eh ben, dedans, y a pas les sept nains !
C'est un signe !

Les vacances, c'est la période durant laquelle nos enfants font des progrès. Eh ben, c'est pas dommage !

Demain, c'est mercredi

Les crêpes, c'est à la Chandeleur, les œufs à Pâques, le cadeau à Noël et demain, c'est centre aéré.

Deux nouvelles. Une bonne : après mercredi, c'est jeudi. Une mauvaise : demain mardi, veille de mercredi.

Nous sommes mercredi, préparez-vous…
Les enfants sont parfois pénibles, parfois bruyants, parfois les deux en même temps.
Eh oui, y a des jours sans !

Préceptes éducatifs

Vos enfants s'ennuient chez leurs grands-parents ?
Et alors... Vous aussi, vous vous êtes ennuyé chez eux !

N'exigez pas de vos enfants qu'ils vous racontent dans les moindres détails leur journée d'école, sinon un jour, ils exigeront que vous leur racontiez ce que vous faites au bureau. Et il y a tant de choses qu'on ne peut pas dire aux enfants...

Pour faire 1 enfant, il faut 2 parents. Pour faire 2 parents, il faut 4 parents. Pour faire 4 parents, il faut 8 parents. Alors, la ramenez pas trop, les enfants, on est plus nombreux !!

Ne reconnaissez pas vos torts devant vos enfants. Vous les avez reconnus, eux, c'est déjà pas mal !

Soyez sévères avec vos enfants aujourd'hui. Ils le seront avec vous demain.

Votre enfant ne veut pas d'un autre bébé à la maison ? Il a raison, ça n'est pas raisonnable.

Quand ils vous énervent, relativisez, vous savez, vous les énervez beaucoup aussi.

Lâchez vos enfants avant que ce ne soient eux qui vous lâchent.

Oubliez vos enfants, eux vous oublient souvent.

Vivez pour vous, pas uniquement pour eux, ils ne se gêneront pas pour le faire.

Ne faites pas toujours plaisir à vos enfants, vous prenez le risque qu'ils ne s'habituent.

Faites ce que vous pouvez, pas plus. De toute façon, vos enfants ne verront pas la différence.

Ne soyez pas trop sage, ils ne le sont pas non plus.

Parlez, parlez, avant qu'ils ne vous demandent de vous taire.

Racontez des histoires à vos enfants avant que ce ne soit eux qui vous en racontent.

Lorsque vous êtes pris en défaut par vos enfants, la plus parfaite mauvaise foi est recommandée. C'est vrai quoi, vous n'êtes pas condamnés à la perfection.

Vos enfants sont gentils ? Alerte maximale : c'est louche !

Si vos enfants refusent obstinément de participer à la vie de la maison, menacez-les de vous mettre en grève, vous aussi… et faites-le… Ça leur fera les pieds.

Si vos enfants vous réclament à cor et à cri un animal domestique, entamez une discussion ouverte, laissez-les argumenter, écoutez-les, prenez leur désir en considération... et dites non !

Les bonnes vieilles recettes ont fait leurs preuves. Face à un enfant qui tient tête, assénez calmement mais avec gravité que vous, vous n'auriez jamais osé parler comme cela à votre mère. Puis tournez les talons.

Face à un ado capricieux qui s'énerve et vous traite de haut avec un maximum d'arrogance, souvenez-vous que vous avez des droits, et que lui a des devoirs... à faire !

Vous n'avez pas obligatoirement toutes les solutions aux questions de vos enfants. Ce n'est pas grave, de toute façon, ils ne comprennent pas toujours les réponses. Alors...

La période d'opposition est constructive. Et ce, à tout âge. J'ai dit NON ! C'est bon, hein ?

Introduisez le surréalisme avant cinq ans dans l'éducation. Exemple : « Si tu n'es pas sage, tu seras privé d'ennui. » Essayez, ça marche.

Félicitez vos enfants, encouragez-les, c'est un placement à long terme... C'est vrai quoi, on ne sait jamais ce qu'ils feront plus tard. Président... star... ou physionomiste dans une boîte branchée.

Votre fils n'aime pas sa sœur ! Rassurez-le... Elle ne l'aime pas non plus !

Les petites fleurs poussent dans les champs, les oiseaux chantent dans les arbres, et les enfants vont se coucher… C'est l'heure !

L'apprentissage de l'autonomie, c'est bien. Surtout quand ils y arrivent…

Nous fêtons le 21 juin la musique et le solstice d'été : deux excellentes raisons de les coucher tôt !

Aujourd'hui, n'hésitez pas, vous avez le droit, nous fêtons la journée nationale du chantage. Alors, faites chanter vos enfants !

À vos enfants qui vous reprochent de ne pas être assez disponible, expliquez calmement les règles dominantes de notre société, dont celle magique des 35 heures.

Avec les enfants, il faut s'armer de patience, et parfois, s'armer tout court.

Avant, les enfants devaient obéir au doigt et à l'œil et n'avaient pas le droit de parler à table... Qu'est-ce que c'était bien !

Jeter le doudou de votre enfant, ça ne serait vraiment pas gentil... Alors, qu'il obéisse.

Les enfants n'ont pas le droit de manger avec les mains, de se gaver de bonbons, de boire de l'alcool ni de se relever pour se faire des tartines.

Il faut *absolument* les faire manger une fois par jour. Et plus, si vous avez le temps.

En ce moment, vous trouvez que vous n'êtes pas à la hauteur avec vos enfants. C'est sûrement vrai mais… on s'en fiche, non ?

On nous dit de ne pas laisser nos enfants devant la télé… Bon d'accord, mais qui va s'en occuper alors ?

Il faut donner aux enfants le sens des valeurs. C'est par là !

À la question « Maman, comment on fait des enfants ? », répondez calmement la vérité : « Dans un soupir, chéri, juste un soupir ! »

À la question « Dis, maman, comment on fait les enfants ? », répondez simplement la vérité : « Avec un maximum d'INCONSCIENCE ! »

Vous vous énervez après coup, ça ne sert à rien. Énervez-vous avant.

Les enfants crient, hurlent, bavent, cassent et jettent ce qui leur tombe sous la main… mais la bonne nouvelle : ils le font rarement en même temps.

Je vais vous révéler l'arme secrète et absolue pour énerver vos enfants au moins autant qu'ils vous énervent. Dites-leur : « C'est pas grave, mon amour, tu comprendras quand tu seras grand… »

À partir d'un certain âge, les enfants considèrent que tout est beaucoup mieux chez les autres. Mais ils ont raison, qu'ils y aillent !

Freud disait : « Quoi que vous fassiez, ce sera toujours mal. » Cela veut-il dire que si on ne fait rien, ce sera mieux ?

Un enfant, c'est comme un rayon de soleil… C'est beau, c'est chaud, c'est doux… et il faut s'en méfier !

L'arbitraire est aux parents ce que l'histoire du soir est à l'enfant. INDISPENSABLE. Alors pas ce soir, je suis occupée…

Pour un enfant, la faim justifie toujours les moyens et jamais les haricots verts !

Votre petit est très désagréable. Fixez-le et dites « Abracadabra ! », ça ne sert à rien mais ça calme !

Nos parents trouvent que nous avons tort, nos enfants trouvent que nous avons tort, mais nous, nous savons que nous avons tort !

Onze mois par an, vous n'avez pas le droit de faire du chantage. En revanche, dès le 1er décembre, vous pouvez dire : « Si tu ne fais pas ça, le père Noël ne viendra pas. » D'ailleurs, ce n'est pas du chantage, c'est de l'information.

Noël approche... Vos enfants vont peut-être vous accuser cette année de leur avoir menti à propos de qui vous savez... Niez en bloc, rien n'est prouvé.

Les filles, c'est rose, les garçons, c'est bleu, et les parents, sévères.

Ne restez jamais seul dans une pièce où il y a plus de quatre enfants. En groupe, ils sont dangereux !

Il faut jouer à plouf-plouf, c'est très éducatif.
Plouf-plouf, ce sera toi qui iras te coucher maintenant.
Vous voyez ?

Gestion territoriale

Le sens de la vie commence en acquérant celui de l'orientation. Exemple : au fond à gauche, dans ta chambre, mon chéri...

Le bonheur est dans le pré. Ouais... et dans leur chambre quand ils y sont.

Il existe un endroit magique où les enfants peuvent s'épanouir en criant, cassant, jetant : leur chambre... Mais qu'ils y aillent !

L'amour est enfant de bohème… Oui, bien sûr, mais il range sa chambre !

Votre petit n'est pas en phase avec les joujoux que papa Noël lui a apportés... C'est pas grave. Sa chambre, il l'aime sa chambre...

Dites à vos enfants qu'ils sont le soleil de votre vie. Et que le soleil a rendez-vous avec la lune, et qu'il est donc l'heure d'aller se coucher... Allez, zou !!

Les enfants sont de véritables soleils, et qu'est-ce que fait le soleil tous les jours ?... Il se couche.

Digoudi Gilli Gilli, c'est le nom d'un magnifique atoll aux Maldives pour les vacances. Je n'aime pas être frustrée seule, je partage avec vous.

Demain, c'est les vacances

C'est parti pour quinze jours. Quinze matinées, quinze après-midi avec les quinze nuits assorties pour profiter à fond et à plein temps de nos enfants. Nous en rêvions, les vacances scolaires l'ont fait.

Les enfants, c'est comme le père Noël, ça s'en va et ça revient... et ça, c'est pas un cadeau.

Les enfants, c'est embêtant toute l'année. Mais enfin, il faut bien reconnaître qu'ils le sont tout particulièrement le soir du 31 décembre.

Si vous ne savez pas quoi faire de vos enfants demain soir, consolez-vous. Vous ne savez pas non plus quoi en faire tout le reste de l'année.

Vous avez fêté le 31 décembre, vous n'avez pas d'enfants, donc vous dormez. Vous qui nous regardez, vous avez fêté le 31 décembre et vous avez des enfants... qui vous ont réveillés. Bonne année !

Allez, il est l'heure de prendre les bonnes résolutions habituelles : on arrête de fumer, on arrête de boire et, surtout, on arrête de faire des enfants !

Tout a une fin, même les vacances. OUAIS !!

Qu'y a-t-il de pire qu'un enfant ? Un enfant en vacances.

Les enfants, c'est comme la météo,
c'est rarement comme prévu,
c'est souvent contrariant,
ça fait rêver et ça peut aussi gâcher
les vacances.

Les vraies vacances, c'est le soleil, l'apéritif, les amis et les enfants... Cherchez l'erreur.

Il est temps d'entamer le plan d'urgence vacances :
1. renouer avec les grands-parents ;
2. leur faire des cadeaux ;
3. leur faire des compliments ;
4. et leur laisser les enfants... Bonne chance !

Dans un mois, ce sera l'été, le soleil, la plage, les amis, le temps des vacances... Et les enfants toute la journée.

Encore dix-sept jours d'école et après... deux mois d'enfer... Et ils appellent ça des vacances !

Quand les enfants partent en vacances sans vous, vous trouvez parfois qu'ils sont loin, hein ?... Et c'est bon, hein...

L'été, c'est la période bénie où l'on se retrouve en famille avec les uns et les autres, et les enfants de tout le monde : ah, les tablées de douze enfants ! C'est bon les vacances !

« Tu vas où en vacances ?
– On fait l'Asie en éléphant avec des potes, et toi ?
– Chez ma mère avec les enfants. »

Une étude récente a montré un pic de reproduction en juillet et août entre 15 h et 17 h. On vous aura prévenus, NE FAITES PAS LA SIESTE !

Ah les vacances ! Le corps léger, dénudé, alangui, un petit vent frais et la sieste… celle de vos enfants, pas la vôtre… Faut pas rêver !

La mécanique folle
est enclenchée...

Les boîtes : avant les enfants,
c'est un lieu où l'on sort ;
après, c'est un truc que l'on ouvre !

On ne dit pas : « ils vécurent heureux et eurent beaucoup d'enfants », mais « ils vécurent heureux, puis eurent beaucoup d'enfants ».

On nous dit souvent : il ne faut pas projeter nos désirs sur nos enfants. Ah bon, mais alors, à quoi ils servent ?

Vous voulez faire un enfant ? Bon, une chose : vous êtes un mammifère, il va falloir accoucher !

Vous pourriez penser que les enfants nous rendent la vie belle... mais non !

Ah, les enfants... quand on en a un, on les aime tous. Ouais, ben tant qu'on n'en a pas, on ne les aime pas !

Les enfants, c'est comme les gâteaux. C'est bon, c'est doux, c'est beau, mais qu'est-ce que ça fait grossir !

Immanquablement, si on a des enfants, un jour ou l'autre, on regrette. Je vous rappelle donc que l'on a le choix.

On a plus de chances, quand on a des enfants, de passer un dimanche en forêt qu'un dimanche sous la couette avec des huîtres... et c'est bien dommage.

Faire des enfants, c'est bien. Surtout quand on prend la pilule !

Il y a des choses très surprenantes dans la vie. Par exemple, l'enfant est une conséquence du bonheur... ça vous laisse cois ? Moi aussi !

Ah, les enfants : quand on n'en a pas, on en veut. Quand on les attend, on trépigne, et quand on en a, on les a.

Faire un enfant, c'est s'ouvrir au monde, en n'en voyant justement plus beaucoup... de monde.

2004... C'est l'année du singe, faites des enfants.

Quand on est amoureux, on est heureux ; quand on est heureux, on est aimants ; quand on est aimants, on devient parents... et après, on se souvient du bon vieux temps.

Avant d'avoir des enfants, la vie est un long fleuve tranquille, et puis, dès qu'on en a, on se met au canoë-kayak...

Les enfants, c'est bien ! Des huîtres et du vin blanc frais, assis sur la plage aussi : vous saisissez la nuance ?

Vous voulez des enfants ? Ayez-en ! Mais ne venez pas dire qu'on ne vous aura pas prévenus.

À l'annonce du premier enfant, on vous félicite. Au deuxième, on vous encourage. Au troisième, on vous plaint. Et au quatrième, on ne vous voit plus.

Bien sûr, vous vous aimez, bien sûr, vous allez vivre ensemble, bien sûr, un avenir radieux vous attend. Alors, soyez raisonnables, rajoutez un petit problème : faites un enfant...

La cigogne est une espèce en voie d'extinction... Mais quelle bonne nouvelle !

La prise de poids, les vergetures, les seins qui tombent... tout cela n'est rien comparé à la joie d'avoir un enfant.

Les enfants sont comme un repas de fête : c'est bon, c'est bon, et pourtant, ça finit parfois par vous rester sur l'estomac.

Arrêtez tout ! Vous êtes peut-être en période d'ovulation.

Avant d'être enceinte, on fait un régime. Pendant qu'on est enceinte, on fait un régime. Après avoir été enceinte, on fait un régime. Moi, je ne suis pas enceinte.

Une femme enceinte irradie de bonheur et de sérénité. Elle est la certitude du monde à venir... C'est aussi une femme qui prend du poids, et qui a ses humeurs tout le temps. Bonne journée.

Quoi de pire que d'avoir des parents ?...
Avoir des enfants.

Si vous hésitez entre avoir un enfant avec l'être
aimé, ou boire l'apéritif avec les amis,
c'est que vous avez le sens des priorités...
N'oubliez pas les olives.

Si vous hésitez entre avoir un enfant et acheter un iguane, franchement, je vois pas le rapport !

Si vous avez le choix entre faire deux sommets à 4 000 mètres en trois jours et faire un enfant, je comprends votre embarras...

C'est bon de faire des enfants, surtout pendant !

Faire un enfant, c'est relativement court et agréable. Élever un enfant, c'est plutôt long et relativement désagréable.

Les enfants, c'est comme un bon couscous : on en meurt d'envie, on est content quand ça arrive, on le dévore et après, on n'en veut plus.

Faire un enfant, c'est s'aimer beaucoup... s'il nous reste du temps.

À la question « Faire des enfants ? », la réponse est : «...Honnêtement, je ne sais pas. »

Vos enfants ne paieront pas votre retraite. Voilà une raison de ne pas en faire.

Quelle différence y a-t-il entre un rêve et un regret ? La même qu'il y a entre vouloir et avoir un enfant : je vous laisse réfléchir...

Bien sûr, faire un enfant, c'est du bonheur à venir... Mais l'avenir est loin et au présent, c'est pas un cadeau !

Si neuf mois après avoir fait l'amour à votre partenaire, vous vous retrouvez avec une drôle de petite bestiole, pas d'affolement, ça s'appelle un enfant !

Vous voulez des enfants ? Vous voulez mon avis ? Faites-en ! Hahhhh, j'aime pas dire le contraire de ce que je pense...

28, 29 ans pour se décider, 1 heure pour le faire, 9 mois pour le porter, 10 heures pour accoucher, et voilà... Eh oui, voilà...

Aimez-vous les uns les autres, c'est vrai... Mais pas trop près, sinon, vous attrapez des enfants.

On ne dit pas « faisez des enfants »
on dit « faites la fête ! ».

Aujourd'hui vous n'êtes pas comme d'habitude, vous vous sentez invulnérable, une super héroïne, le monde vous appartient... Voilà !... Vous êtes enceinte.

Fille ou garçon, maman ou crèche, vacances en club ou colonie, un chien ou un chat ? Avec les enfants, on a toujours le choix, alors, en avoir ou pas ?

Si les enfants étaient des bateaux sur la mer,
que serions-nous ? Des îles, des phares, des cormorans,
de fiers marins défiant les embruns, ou bien des
alpinistes de haute montagne.

Confort moderne

Le virtuel, c'est beau. Vraiment... Imaginez un enfant que vous pourriez éteindre... Clic !

Pour faire des pulls, mieux vaut élever des moutons que des enfants.

Faire un enfant, c'est comme acheter une voiture : au début c'est beaucoup de bonheur, beaucoup de fierté et, le temps passant, on a parfois le sentiment qu'on s'est fait avoir...

Les enfants c'est bon... mangez-en !

Les enfants, c'est comme les oignons, ça fait pleurer. Mais les oignons, c'est bon en tarte.

La vie ça va, ça vient, c'est comme l'argent, l'amour, le bonheur, la chance. Les enfants, eux, ils restent.

Ah, les enfants, ils sont comme une pluie d'été après une longue journée de soleil : rafraîchissants… si ça ne dure pas trop longtemps.

Quoi de mieux qu'un enfant pour apporter de la chaleur au sein du foyer ? Hein, quoi de mieux ? Ben… un radiateur.

Si vous hésitez entre un enfant et un chien… sachez qu'un enfant ne perd pas ses poils !

Si vous hésitez entre avoir un enfant et faire le tour du monde, franchement… je ne vous comprends pas. Le monde est dans un enfant.

Si vous hésitez entre avoir un enfant ou acheter un canapé, je peux vous aider. L'enfant durera plus longtemps que le canapé. Il vous ressemblera toujours plus que votre canapé, il vous rendra de menus services, ce que ne fera pas votre canapé. Mais en revanche, l'enfant n'est pas déhoussable.

Si vous hésitez entre faire un enfant ou acheter une télé $16/9^e$, sachez que enfant et écran $16/9^e$ prennent autant de place. Enfant et écran $16/9^e$ font autant de bruit. Enfant et écran $16/9^e$ vous accompagnent dans de bons moments de la vie. Ah, une précision :
un seul des deux est livré avec une télécommande.

On ne laisse pas les enfants pendant des heures dans une voiture avec la musique à fond… C'est très mauvais pour la batterie.

Pourquoi faire des enfants quand on peut faire des économies ?

Deux conditions simples pour passer un délicieux week-end.
1. Vous avez des enfants ;
2. vous avez des parents.
Tic, tic, je vous laisse réfléchir.

Dites à votre enfant que vous êtes Batman
et Wonderwoman, et s'il n'y croit pas,
il n'a qu'à demander à l'Homme invisible.

Si vous ratez vos enfants à la sortie de l'école, ils iront au commissariat. C'est bien le commissariat.

L'addition des décibels liés aux cris qu'un enfant pousse dans une journée équivaut aux traumatismes d'un concert d'ACDC à côté des baffles. La bière en moins.

Zut... Le couple

On se rencontre, on s'aime, on vit ensemble, on s'aime et on a des enfants. Moralité : c'est bien du plaisir que vient la souffrance, et non le contraire.

Si on fait des enfants, on a plus de chances de garder son mari que de garder sa ligne, mais bon !

Maman, ça veut dire quoi « carpe diem » ? Ça veut dire… va voir ton père, mon chéri !

On ne dit pas : « Chéri, je pars quinze jours aux Seychelles avec une copine, je te laisse les enfants et la maison. » Non, on dit : « Chéri, laisse-moi ta Carte bleue ! »

On ne dit pas à son conjoint : « Attends, chéri, là, t'es gentil, jusqu'à preuve du contraire, tu ne sais même pas où sont l'école et le supermarché. » Mais on dit… rien… on ne dit rien…

On a plus de chances de devoir supporter sa belle-famille si l'on a un conjoint que si l'on est célibataire… À vous de voir.

Vous vivez en couple ? Chapeau !

Vous avez surpris votre fils en train de fouiller dans vos soutiens-gorge ? Il y a au moins un homme à la maison qui s'intéresse à ce que vous portez !

Quoi de mieux que le rire d'un enfant pour égayer nos cœurs ?... Ben, une invitation surprise de l'homme qu'on aime pour un week-end à Venise dans un hôtel de luxe, avec champagne et *tutti quanti.*

Dans les grands moments de doute, souvenez-vous que vous avez tant aimé cet homme, ou cette femme.
Que ça a donné ça ! Félicitations !

Ne dites pas : « Mais qu'est-ce que j'ai fait au Bon Dieu pour avoir un enfant pareil ! » mais : « Chéri, tu ressembles à ton père. »

Lorsque le jeune papa vous interpelle du fond de l'appartement, vautré devant la télé, en criant : « Ta fille s'est réveillée »... Bougez-vous, lui n'ira pas ! Voilà.

Si vous êtes seule avec votre enfant, lorsque vous fatiguez, pensez à votre ex, ça requinque.

Si vos enfants vous surprennent au beau milieu de la nuit en train de danser nus, rappelez-leur que les origines de la Terre prennent racine dans le monde primitif... Bon courage.

Pour convaincre votre conjoint d'avoir plusieurs enfants, dites-lui qu'il pourra acheter un break !

« Mon amour, je t'aime » est une chose que vous devez exiger d'entendre une fois par jour, une fois par semaine, une fois par mois... Bon, en tout cas une fois...

Vous avez remarqué ? Plus votre petit a de cheveux, plus son papa en perd, c'est drôle, non ?

L'enfant renforce le couple. Ouais, faut voir...

Qu'est-ce que vous faites ce week-end ? Petit hôtel, petit resto, petit week-end love ? Ah, vous avez des enfants ? Tant pis.

Rappelez à votre mari que faire un enfant ne signifie pas obligatoirement faire l'enfant.

C'est à l'occasion d'une sieste, un doux après-midi, que l'on peut miner les espoirs de sieste pour les vingt ans à venir.

Alouette, gentille alouette, alouette, je te plumerai. Mouais ouais ouais. Des promesses.

Les enfants c'est...... parce que ça......;
et puis ils...... Enfin, les enfants, le mieux,
c'est de ne pas en parler.

Demain, c'est la rentrée

Si vous allez faire votre toute première rentrée scolaire, sachez ceci : le premier jour on pleure, le deuxième, on fait front, le troisième et tous les autres, on profite !

Si vos enfants vous demandent de ne plus venir les chercher devant l'école mais de les attendre un peu plus loin au carrefour, derrière le poteau, et si possible en restant dans la voiture... ne le prenez pas mal... et allez chez le coiffeur.

Nous avons tous repris nos bonnes habitudes. Les enfants sont rentrés à l'école, nous sommes rentrés au boulot. Bon, ben maintenant, il faut penser à sortir. Samedi soir ?

Parentalité…
Parents alités…

UT

Nous ne sommes pas immortels, nous ne sommes pas des super héros, nous sommes mieux : nous sommes parents.

On ne commence pas toutes ses phrases par « Moi, mon fils... », ou alors on va chez le psy.

Que serions-nous sans nos enfants, en deux syllabes ? Heu-reux !

Être grands-parents, un métier plein d'avantages. Le seul inconvénient : avant cela, il faut d'abord devenir parents.

C'est fou ce que les enfants des autres sont pénibles !
Ah non... c'est le mien là.

Il arrive dans la vie des parents de grands et longs moments de découragement. C'est inévitable.
Néanmoins, il y a aussi la fête des mères, avec ses colliers de nouilles et ses horloges en boîtes de camembert...
De quoi rendre le sourire, non ?

Les enfants et nous, c'est pas pareil : ils rêvent de nous avoir pour toujours, et nous, nous rêvons de ne plus les voir un quart d'heure.

Le premier mot de votre enfant a été PAPA ? C'est normal, il l'aime plus que vous.

« Pourquoi ? » C'est la question que chaque parent se pose chaque jour, seul face à son miroir.

La famille est un concept punk !
Vous n'avez qu'à regarder votre tête au réveil !!

À treize ans on est ado, à vingt ans on est libre, à trente ans on est parent. Après, on est foutu.

Quand vos enfants vous exaspèrent, souvenez-vous qu'un jour, ils seront parents à leur tour. Ça ne venge pas, mais ça détend.

Messieurs, il y a de fortes chances que votre fils vous prenne comme modèle. Alors, faites des cadeaux à votre femme, soyez prévenants, partagez les tâches. Ce n'est pas de la gentillesse, c'est de l'éducation !

Mesdames, n'oubliez pas que votre fils se conduira avec les femmes d'après son expérience à vos côtés. Alors, soyez gentilles, faites-lui faire la vaisselle.
Merci pour elles.

Si vous fondez devant votre fils, madame, ou votre fille, monsieur, regardez votre mari ou votre femme
et dites-vous bien que ce charmant enfant aura bientôt les mêmes défauts…

Face à votre enfant qui trouve que vous êtes ringards, que vous ne comprenez rien et que, de toute façon, ça ne vaut même pas la peine de vous expliquer, ne répliquez rien, vous appartenez au XXe siècle…
C'est tout dire…

Si l'on vous fait les remarques suivantes : « T'as l'air fatiguée, t'aurais pas pris un peu de poids ? », « Tu devrais aller chez le coiffeur. »... Gardez le sourire, et demandez à votre interlocuteur des nouvelles des enfants qu'il n'a pas encore.

Vous êtes en guerre contre la malnutrition, contre les gros mots, les coudes sur la table, votre mari, votre femme, votre mère, contre l'Éducation nationale, les activités extrascolaires et la couverture du livre d'anglais de votre aîné. Stop... Fermez les yeux, oubliez tout, rouvrez-les... C'est toujours pareil ? Bon courage.

Vos enfants sont parfois coupables. Vous êtes victime ! Portez plainte !

Chaque matin, réveillez-vous et posez-vous devant la glace en disant : je suis la mère idéale, je suis le père idéal. Faites attention quand même à ce que personne ne vous entende.

Vos enfants vous cassent les pieds, vous cassent la tête, vous cassent vos verres... cassez-vous !

Votre préado vous trouve ringard, over dépassé et total à l'ouest. Faites-vous des dreads, dites « cool » et allez le chercher à l'école... Ça va le calmer.

Qu'est-ce qui est vert, petit, qui monte et qui descend dans un ascenseur ?... Un petit pois...
et il faudrait en rire !

Qu'est-ce qui n'est pas drôle, qui ne comprend rien, et qui ne fait rien qu'ennuyer les enfants ?...
Mais vous, bien sûr !

Ce que vous pensez des enfants des autres, les autres le pensent de vos enfants... Ça calme.

Vos enfants n'énervent pas que vous... Rassurez-vous, ils énervent tout le monde.

Comme le dit le proverbe : mieux vaut un enfant sage que deux enfants en colère.

Comme dit le proverbe : mieux vaut un enfant qui grandit qu'un enfant qui rapetisse.

Votre fille vous réclame un petit frère à cor et à cri ?...
Montrez-lui son père au réveil.

Votre fils vous réclame une petite sœur à cor et à cri ?... Parlez-lui, c'est grave.

Les enfants partent un jour ou l'autre... Bon, ben dans ce cas, le plus tôt sera le mieux.

Il ne sert à rien d'espérer faire mieux que les autres. Si vous avez fait pareil, c'est déjà pas mal.

N'oubliez pas de rêver ! Imaginez, fermez les yeux... Vous êtes seul, jeune et célibataire... Ouvrez les yeux : ici, c'est *Les Maternelles*, pas *Tournez manège* !

Vos enfants jouent avec les affaires de papa et ils ont tout cassé… Restez zen, ce n'est pas grave, ils auraient pu jouer avec les vôtres.

Les enfants ne sont pas à même de résoudre les problèmes des grands… et c'est bien dommage.

Le problème, quand on a des enfants, c'est qu'on fréquente des gens qui en ont aussi… mais vachement moins bien réussis.

Votre enfant ne travaille pas à l'école... et alors ? Vous travaillez, vous, au bureau ?

À la question : « Ai-je vraiment mérité ça ? », que vous vous posez souvent, sachez que la réponse est sans conteste : « Pas forcément, mais c'est comme ça. »

Ce matin, au réveil, vos enfants ont hurlé, terrorisés qu'ils étaient par le monstre infâme et apathique qui faisait des bruits hallucinants en rampant par terre. Ressaisissez-vous et expliquez-leur que papa a un rhume.

C'est parce qu'ils nous aiment que nos enfants nous fatiguent, nous énervent, nous bouffent, nous usent, et finalement nous quittent.

Dans la France d'en haut, on dit : « Chéri, la baby-sitter est disponible, elle va donc faire dîner les enfants puis les coucher. » Dans la France d'en bas, on dit : « Trop cool, on sort. »

Un jour, les enfants partent... d'ici là, tenez bon.

Vous ne sortez plus, vous ne vous droguez plus, vous ne faites plus l'amour, mais vous avez une famille !

Le nouveau-né est attendrissant, le joyeux bambin rayonnant et puis, un jour, adolescent.

Ce que vous dites de vos parents, vos enfants le diront de vous.

Vous connaissez le dicton populaire : petits, petits soucis, grands, grands ennuis... C'est nul comme proverbe, et vous savez pourquoi ? Parce que c'est vrai !

On ne dit pas : « Mes enfants sont merveilleux, vraiment ! » On dit la vérité !

Qu'est-ce qui fait la différence entre un enfant sage et un enfant pas sage ? Rien, si ce n'est qu'il y en a un qui n'est pas le vôtre.

Vos enfants vous collent... ben oui, mais il faut bien reconnaître que ça n'est pas eux qui ont commencé.

On ne dit pas : « Avoir un bébé, c'est passer des heures le soir et la nuit à se regarder les yeux dans les yeux. »
On dit : « Trouver une baby-sitter, c'est impossible. »

Votre enfant n'a pas encore de dents, tant mieux : il ne vous mordra pas tout de suite !

La vie en famille est un chemin et il est long le chemin de la vie. C'est beau, hein... Mais des fois, c'est long quand même !

Bien sûr être heureux, bien sûr vivre en harmonie, bien sûr l'amour, la paix, la volupté... Bien sûr. Ben alors ? Les enfants...

Vos enfants vous posent problème ? Je sais...
Bonne journée.

On ne dit pas : « Mais qu'est-ce que j'ai fait au Bon Dieu pour avoir un gosse pareil ?! », mais... on le pense !

Pour une mère, avoir un fils, c'est une fierté.
Pour un père, avoir une fille, c'est bien des inquiétudes.
Dans un cas comme dans l'autre, c'est bien mérité.

Vous hésitez entre avoir une fille ou un garçon...
De toute façon, vous allez avoir des problèmes.

La famille, c'est rock'n'roll ! « Tourne tourne, petit moulin ! Chante chante... » Hum !

Le plaisir en montagne, on le trouve au sommet, et c'est proportionnel à la souffrance de la montée. Élever des enfants, c'est pareil, sans le sommet et donc sans le plaisir.

Ce qu'il y a de merveilleux chez nos enfants, c'est qu'ils nous aiment comme nous sommes. Oui et ben là, nous SOMMES fatigués, là, maintenant !

Les avantages de la carte famille nombreuse ne sont rien au regard des désagréments qui accompagnent l'arrivée du petit troisième.

Votre enfant ne vous ressemble pas, c'est même tout le portrait de votre conjoint... Tant mieux, pas d'illusions, vous savez ce qui vous attend !

Votre enfant est insupportable, vous êtes à bout de nerfs ? Fermez les yeux, imaginez la vie sans lui... et pleurez !

Votre enfant est laconique, silencieux, immobile et fatigué... Mais quelle chance !!

Celui qui dit « Maman, je t'aime » pense très fort : « Je peux regarder la télévision ? »

Quoi... Heu... Qu'est-ce qu'il ne faut pas oublier... Ah oui... Les enfants !

Dure condition féminine

Une femme heureuse a un enfant qui dort et un mari en forme. Une mère de famille, c'est l'inverse : un mari qui dort et un enfant en pleine forme...

Votre mari et vos enfants vous agacent, voire vous énervent. Ben oui, mais tu l'as voulu, tu l'as eu.

Que seraient vos enfants sans vous, hein ? Et vous, que seriez-vous sans eux ?... Heureuse, peut-être ?!

Répétez-vous tous les jours que vous êtes la meilleure... Personne d'autre ne vous le dira de toute façon... alors !

Vous aimeriez être jeune, svelte, disponible, calme et séduisante… Soyez raisonnable, vous êtes mère de famille.

Vous êtes mal coiffée, mal habillée, mal lunée.
Mais vous êtes mère... Bonne journée.

On ne dit pas : « Mon Dieu, je suis une mauvaise mère », on dit : « La plus belle fille du monde ne peut donner que ce qu'elle a. »

Victor Hugo a dit : « La bave du crapaud n'atteint pas la blanche colombe »...
On voit qu'il n'a pas allaité !

Vous êtes une jeune maman, nous sommes au mois de juin, c'est formidable… voilà l'été. Vous avez pensé à acheter un paréo ?

Le poète a toujours raison quand il déclare avec passion : « La femme est l'avenir de l'homme. » Eh ben, l'avenir va se faire épiler, là, si vous voulez bien !

Dis maman, c'est qui Dieu ? J'sais pas, mais c'est pas ton père !

Si vous hésitez entre faire un enfant et être heureuse, c'est que vous êtes lucide.

Votre enfant, en plein œdipe, vous fait moult déclarations d'amour… Ne le croyez pas, il ment, comme tous les autres…

À la question : « Dis, maman, t'es vieille ? », répondez : « Pas quand t'es couché, mon chéri ! »

Tout le monde vous trouve fatiguée, mal coiffée et un peu... Vos enfants, eux, vous disent que vous êtes belle : vous voyez qu'on ne peut pas leur faire confiance !

Qu'est-ce qui est merveilleux, qui est une promesse d'éternité et qui nous montre le chemin dans le noir de la nuit ? Le diamant.

Vous allez avoir un enfant, et votre mère vit près de chez vous... Un bon conseil : déménagez.

Mesdames, il y a des jours où on ne ressemble à rien mais il y a pire... les jours où l'on ressemble à sa mère !

Qu'est-ce qui fait du bruit, s'énerve beaucoup, ne range rien, et n'envisage pas de mettre un pied dans la cuisine ?... Une maman en colère.

Si vous avez un garçon, ne vous angoissez pas à propos de ce que vous lui donnez à manger. Dans vingt ans, il dira à sa femme que c'était tellement meilleur chez maman.

Votre pire ennemi est votre enfant. Il possède l'arme qui tue à tous les coups. Vous ne voyez pas ? Mais si... « Maman ».

N'oubliez pas d'appeler le pédiatre, d'acheter le bonnet de bain du petit, de préparer l'anniversaire de votre mari, la réunion à l'école, et de profiter de la vie... enfin, si vous avez le temps !

Vous travaillez, vous élevez vos enfants, vous vous occupez de la maison, vous préparez le dîner pour tout le monde... Et puis encore... avoir un amant ?

« Jeune femme bien sous tous rapports
cherche jeune homme s'étant déjà reproduit. »
Voilà comment éviter les vergetures.

Proverbes

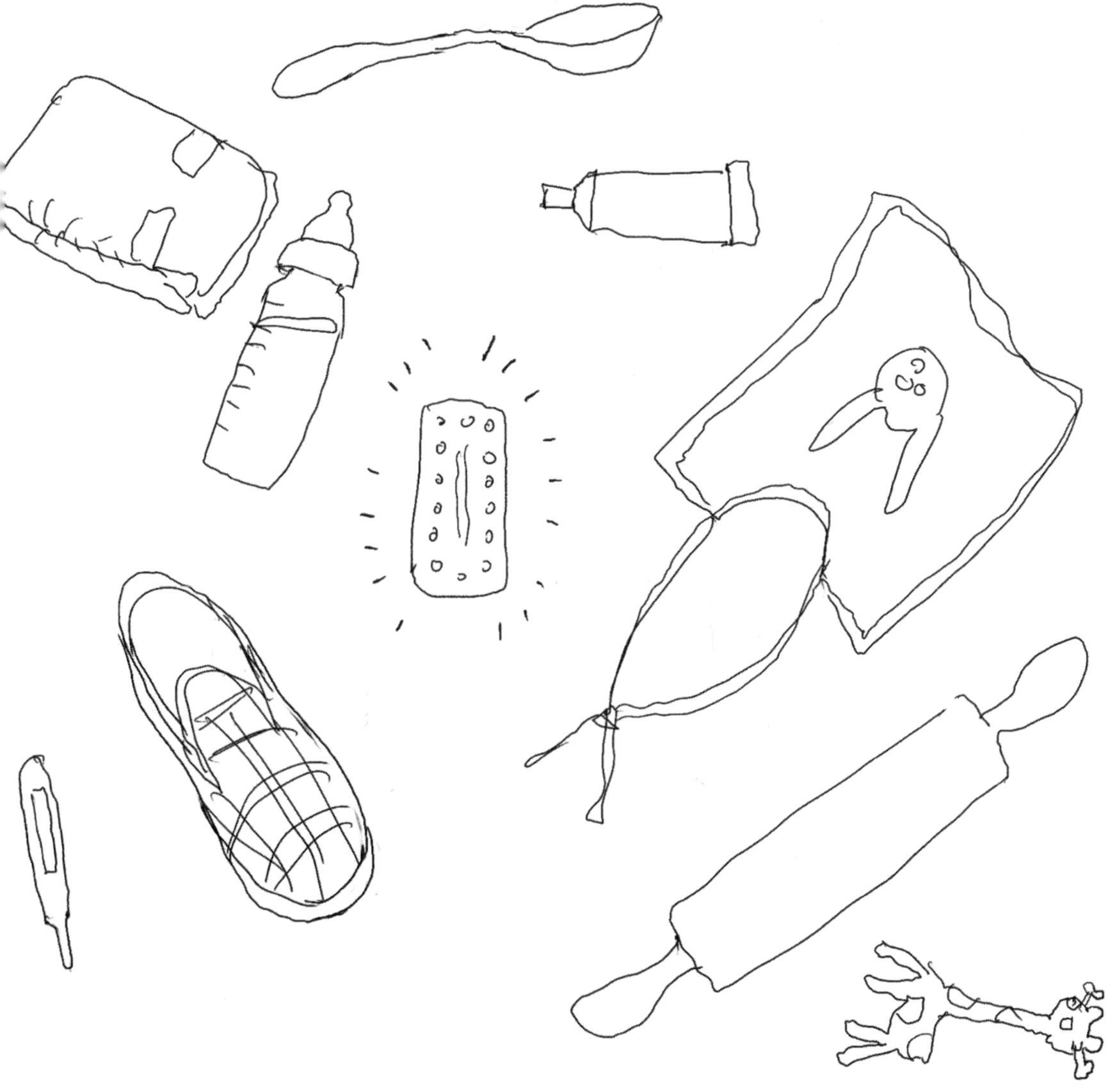

On ne dit pas : « Tant va la cruche à l'eau qu'à la fin elle se casse. » On dit : « J'en ai ras le bol de m'occuper des courses et du bain du petit, donc maintenant, c'est toi qui t'y colles, moi je sors. »

On ne dit pas, au premier jour des vacances scolaires : « Les enfants, c'est les vacances, vous allez vous reposer et bien rigoler. » On dit plutôt : « Bien mal acquis ne profite jamais. »

On ne dit pas : « Mon chéri, je suis désolée, j'ai encore oublié ton argent de poche. » Non, on dit : « Plaie d'argent n'est pas mortelle. »

Qui a bu boira, *que sera sera*, qui n'a pas d'enfants en aura… c'est horrible !

On ne dit pas : « À l'impossible nul n'est tenu. » On dit : « Mais si, mon chéri, primo, tu fais tes devoirs et, secundo, tu vas te coucher… et encore bravo ! »

On ne dit pas : « Chéri, nous avons fait l'amour sans contraception et je suis enceinte. » On dit : « Quand le vin est tiré, il faut le boire. »

Assénez à vos enfants tous les bons vieux dictons comme… « tout vient à point à qui sait attendre » ou « tant va la cruche à l'eau »… Et achevez-les avec le très fameux… « tu comprendras quand tu s'ras grand ».

On ne dit pas : « Au royaume des aveugles, les borgnes sont rois. » On dit : « Ce soir, chéri, c'est papa qui fait la cuisine. »

On ne dit pas : « Des goûts et des couleurs, il ne faut pas en discuter. » On dit : « Tu manges, c'est tout. »

La vérité sort toujours de la bouche des enfants… sûrement… mais qu'elle y reste !

Mieux vaut une mère en forme au café
qu'une mère fâchée à la maison… proverbe.

Table

Direction artistique : Valérie Gautier
Suivi éditorial : Flore Roumens
Suivi de fabrication : Hélène Boguet

Achevé d'imprimer sur les presses
de Mame Imprimeur à Tours
Dépôt légal novembre 2004 n° 69268
Imprimé en France